Schwäbisch gschwätzt
und
Deutsch geredet

Schwäbisch gschwätzt
und
Deutsch geredet

Gedichte und Geschichten
von
Maria Morandell

Schwäbisch gschwätzt und Deutsch geredet

Gesamtherstellung:	Bruno Morandell
Texte und Zeichnungen:	Maria Morandell
Layout :	Bruno Morandell
Umschlaggestaltung:	Susanne Basner Hermann Morandell Bruno Morandell
Titelfoto:	Schloss Montfort, LA Bruno Morandell
Druck und Bindung:	Libri BoD, Norderstedt

ISBN 3-8311-0854-4

Inhalt

SCHWÄBISCH GSCHWÄTZT

FRÜHLING

FRÜHLING LÄßT SEIN BLAUES BAND....
(Eduard Mörike)

Frei nach Mörike (M.Morandell)

Frühling läßt sein blaues Band
Wieder flattern durch die Lüfte
Jahreszeitliche Gedichte
Überfluten nun das Land

Dichter träumen schon
Über weißen Blättern
Kritzeln Blatt für Blatt
Eifrig voll mit Lettern

Dichter schreiben wieder
Über Lenz und Flieder

MÖRIKE FREI ÜBERSETZT INS SCHWÄBISCHE

Da Lenz loßt aus ma großa Tank
A braune Brüah raus aus ra Düsa
Er loßt s napfladdra auf sei Wiesa
Und hinterloßt an beesa Gschtank

Sei Violetta träumad scho
Se hört von fern da Traktor brumma
Und isch dawega ganz benomma

Lenz oh Lenz mei liabr Lenz
Zu dir däd i gern komma

aber....(s Gschmäckle)

GSICHTR

Chinesa
Indianer
Weiße
Mischling

Freindliche Gsichtr
Guggad me a
Bringad Sonn
In mein Dag

Dia Gsichtr
Vo meine
Schtiafmüaddarla
In meim Garda

Sommr

HEUET

Koine Hoinza meh
Koine Heumahda

Auf de Wiesa

Bloß
Laudr weiße Balla

Drinn eigschperrt
Des Gras

Wo sonscht so guad duftad
Noch Sommr

WETTERVORHERSAGE

Jedas oinzelne Haus siehsch
Jedan Baum
Und
Jedan Boscha

So noh isch
De andr Seit vom See

An Schritt moinsch
Noch bisch dieba

S fasziniert de
Bleibscht schtanda und
Guggsch und guggsch
Kasch de id satt seah

Abr dia Freid
Muasch deir zahla

Morga
Regnad s nämlich
Dafür
Ganz gwieß

LAVENDEL

In meinem Garten blüht im Sommer der Lavendel. Betörend im Duft, berauschend in seiner Fülle und im Blau seiner Farben.
Viel zu kurz ist die Zeit des Blühens, doch ich hole mir seine Blüten herein und sperre sie in ein Säckchen, um den Duft des Lavendels auch noch im Winter in mich aufnehmen zu können.

Weniger für das Gefühl, für die Sinne ist dies,
wenn ich einige Säckchen
in den Schrank hänge,
um die Motten zu vertreiben.

Lavendl

Lavendl blüaht in meim Garda
Duftad duftad und duftad

Autos fahrad vorbei
Schtinkad schtinkad und schtinkad

OBADROT

Gugg naus
Da ganze Himml brennt

D Berg schtond
Schtill und dunkl
Unterm Horizont

Da See isch bluadrot gfärbt
Und sei Wassr vrmag
Den Brand id z löscha

Erscht wenn d Nacht
Noch am langad
Vrlischt des Feur

Langsam
Ganz langsam

SOMMR AM SEE

D Luft schtoht
Uvrschämt hoiß ischs

Da See bewegt sich leicht
Und d Sonn scheint in an nei

In de Wella hupfad Lichtpunkt
Wia Schternla auf und ab

Kindr bauad Burga
Aus Treibholz Tang und Erde

Se buddlad sich ei
Im warma Sand

Lonnd ihre Sandkuacha
Ausbacka vo da Sonna

Und Gsöff und Freßkörb
Schtond parad underm Sonnaschirm

Klamotta liegad
Vrschtreut umanand

Ringsum
Lacha schreia
Plärra Musik

Hoißr Sommr
Am See

AM OBAD

Wellale auf Wellale
Lätscht ans Ufr
Ruhig
Gleichmäßig

D Enda hockad auf am Schteg
Se hend sich butzt
Schteckad ihran Kopf
Zwischa d Flügl

Da Mond guggt rab
Vom Himml
D Schternla zoigad sich
Ois ums Andr
Und

Drieba in dr Schweiz
Gonnd d Lichtr a
Bildad a glitzerglimmende Kette
Entlang am Ufr
Vrschtreud leuchtad se auf
An de Berghäng

Schtill wirds um me rum
Bloß no da See gibt a wengale Laut
Wenn r Wellale für Wellale
Ans Ufr schickt
Und leise lätschad

HERBSCHT

SCHTURM

Koine Berg siehsch meh
Koine Dörfr
Auf da andra Seita
Vom See

Allas isch grau in grau

Und da See
Isch wild wia d Sau
Wehrt sich gega da Schturm
Mit hohe Wella

Schpritzt dagega Gischt
Isch vor laudr Zorn
Grün und gelb
Im Gsicht

Abr s nitzt am nix

Und wenn r no
So wüascht duad
Da Schturm duad mit am
Was r will

Und etzt

Will r m hald
Oifach amol wiedr
Sei Wassr
Umanandr beiga

WINTR

Eis

Hosch Eis im Küahlschrank
Muasch enteisa

Hosch Eis im Hof
Muasch schtreua

Hosch Eis an da Dachrinn
Muasch s rabschlaga

Hosch Eis am Auto
Muasch s abkratza

Hosch Eis im Tütle
Derfsch schlotza

SCHNEEWOLGA

Am hellichta Dag
Wird s scho dunkl

In da Schtuba dinna
Brennad d Lichtr

Schneewolga
Hangad am Himml

Wenn endlich
Entleerad sich dia Wolga

Lonnd mit Untrschtützung
Vom Wind

Ihre Schneeflogga danza

Setzad Allam
Weiße Käppla auf

Webad a Duach

Deckad d Schtroßa
D Feldr d Gärda damit zua

Wenn endlich
Kennad auf am Hügl
D Kindr schliddala

An Schneema macha
Mit Gelbarüabanas Kohlaauga
Besaschtiel und Zipflmütz

Odr a Höhle baua
Zum wohna wia d Eskimo

Wenn endlich
Schneialad s a mol

So viel

EBBAS ÜBR KINDR

KASCHTANIEN

Aus da Hülle
Schtachlig
Grün

Fallad glänzige
Braune
Kugla

Nab in d Wiesa
Auf d Schtroß

Kindr schtond unterm Baum

Hebad ihre Hend auf
Schbroizad ihre Röckla

Ranglad sich um jede Kugl
Dia ins Gras fliagt
Und auf s Pflaschtr

Kennad id gnuag griaga
Schleppad hoim was goht

Babba
Mamma

I mecht a Maale
I mecht a Zügle
I mecht a Bäumle
I mecht a Schüssele

Schnitzscht mr ois

ERZIEHUNG

Autoritäre Erziehung total

Wenn id duasch wia i will,

noch knall dr a baar.

Antiautoritäre Erziehung total

Kasch dua was da willsch,

muasch me bloß in Ruah lossa.

Pilzla

Regapilz

Wia an laufenda Pilz

Sieht s aus

Wenn bloß

Kloine Füaß

Unterm

Regaschirm

Rausguggad

Und sonscht

Nix meh

Fuaßpilz

Fuaßpilz gibt's

Wenn kloine
Kind
Unterm großa
Schirm laufad

Und da bloß no
D Füaß von ne
siehsch

NATUR

Im Frühjohr
Wenn da Wind weht
Da Rega prasslad

Fallt allas rab
Von de Bäum
Was koin Wert hot

Des was z wenig Platz hot
S Schwache
S Madige

Da Bodo isch übersät
Mit Abfall
Vo da Natur

Und da Mensch moind
Er kennd s da Natur
Gleich dua und denkt

Dia winzige Buzala
Wo z viel sind
Id ganz recht

Sind au Abfall
Und schaffat s weg
Bloß

Hot des denn nix
Mit Natur zum dua
Des isch denn scho

An Eigriff

KUNTERBUNT´S

HÄUFLA

Zwischa jedam Häufle
Blitzt blaua Himml durch

Zwischa Wolgahäufla
Dia in Roi und Glied
Am Himml schtond

Dia an

Landschaft denka lossad
An a große Herd vo Schäfla
Auf saftige Wiesa

Himmelslandschaft aus

Schäflawolga
Wolgaschäfla
Lämmerwölgla

DA DÄD

englisch und schwäbisch
gschwätzt

Des sag i Euch

I däd da Dad rausschmeißa
Wenn r id recht däd

Und da Dad mi
Wenn i id recht däd

Sehen mit der Kamera

Im Park
Schtoht a Ballerina
In Bronce

Amuadig
Schee

Gligg

Drinn isch se
Im Kaschta

Langsam drehe mei Kamera

S Bild im Suachr
Dreht sich mit

Und do

Gonnd d Hend
Vo dera Ballerina
Aufanandr zua

Bildad a Einheit

Abr
Jetzt ischas
Koi Ballerina meh

Jetzt hot se sich vrwandelt
In a betende Venus

Gligg

DO GUGG NA!

oder: Oh dia Männr!

Wenn d Männr sagad, „I komm glei", noch dauert des ¼ Schtund.

Und a Schtund dauert bei dene 180 Minuda.

Abr wenn se sagad, „Komm a mol", noch bedeidad des denn: **Sofort!**

DES SOLL OINR VRSCHTANDA

„ Sepperle, gang mit deim Großvaddr zum Eikaufa, der
kennd a Hilf braucha.Woisch, der ka id lesa, was auf
dene Päckla schtoht.“

„ Hot da Opa id s lesa glernad?“

„ Doch, doch.
Abr er ka s hald id entziffra, weil r s id lesa ka.
Vrschtohsch?“

AUF D BETONUNG KOMMT S A

An Autofahrer fahrt aus da Schtadt naus, und sieht vor
sich a Vrkehrsinsl.
Er schimpft vor sich na.
„Hend se do scho wiedr so a „Scheißinsl" nagsetzt!"
Saga wollt r nadierlich, so a scheiß Insl.
Desch denn scho an Unterschied gell?

Wenns so wär wia nrs rausgschwätzt hot?...
S wär id zum ausdenka!

IM TUNNL

Manchmol wundersch de, wenn in an Tunnl nei
kommsch, daß dia wo vrantwortlich sind für d Beleuch-
tung, am Fahrer zuamuadad, sich untr dene Funzla
zrechtfinda.

Doch späteschtens, wenn denn wiedr dussa bisch fallt
dr ei, daß da hettsch bloß dürfa dei Sonnabrilla rab dua,
noch wärs scho hellr gwäa.

40

GSCHICHTLA

DA RHABARBR

D Frau Miller und d Frau Juso kennad sich bloß vom
Seah, und außr am a freindlicha „Grüß Gott" kommad se
sich id näher. Jede woiß abr trotzdem vo da andara
genau, wo se wohnt und wer ihre Nochbara sind.
D Frau Miller hot abr no entdeckt, daß d Frau Juso in
ihram Garda a Umenge Rhabarbr schtanda hot, auf den
se ganz scharf isch und den dia ihrer Moinung noch nia
alloi vrbraucha ka, weil se alleinschtehend isch.
Doch so ganz allmählich, von Mol zu Mol, vrsuacht d
Frau Miller jetzt mit da Frau Juso ins Gschpräch
z komma.
Und so geschtaldad sich denn des Näherkomma:
„Grüß Gott Frau Juso."
„Grüß Gott Frau Miller."
„Wia gohts Frau Juso?"
„Danke, guad."
A netts Lächla num, a netts Lächla rum, und boide
gonnd ihrer Weg.
Wia se sich wiedr begegnad:
„Grüß Gott, Frau Juso. Heit hemmr abr a schees Wettr,
do ka d Wesch trockna, gell?"
„Jo, Frau Miller, i hon de mei scho glei in allr Früah
nausghengt. So a Wettr muaß ma doch ausnitza."
A netts Lächla num, a netts Lächla rum, und jede goht
ihrer Wege.
So goht des fascht a ganzas Johr.
Do a baar Wort, ded a baar Wort
A Lächla num, a Lächla rum.
Meh wird do id draus, zum Loidwesa vo da Frau Miller.
Abr d Frau Juso loßt oifach id meh zua, denn immr,
wenn se merkt, daß d Frau Miller schtanda bleiba will
zum meh Schwätza, guggt se, daß se schnell weiter-
kommt.

Doch d Millere loßt sich deswega id von ihram Plan abbringa, a Beziehung aufzbaua mit da Frau Juso. Da Rhabarbr schtoht nämlich scho wiedr ganz schtramm im Beet, und der goht ra oifach id aus am Kopf.

Als dia zwoi sich in dera Zeit wiedr treffad und sich außr am a Grüß Gott a baar Wort und a ma Lächla rum und num nix duad, und wia se sieht, daß d Frau Juso dapfr weiterlauft, ruft s ra oifach hinda noch: „Hallo Frau Juso, derf i Sia a mol ebbas froga?"

D Frau Juso haltad inne im Laufa und wartad ab.

„Frau Juso, do letschtin hon e übr ihran Gardazaun guggt und hon dabei wiedr ihran scheena Rhabarbr bewundra kenna. In meim Garda gedeiht oifach koinr, trotzdem i scho allas vrsuacht hon. Kennd i id von ihne oin griaga, i däd an scho zahla?"

„Noi, noi, des ka ne id macha. Se kennad doch d Frau Bebbele odr?

Dia schwätzt koi Wort meh mit mir, wenn i ihne an Rhabarbr gib."

„Jo, warum denn Frau Juso? I will an doch id gschenkt, i hon doch scho gsagt, i däd an zahla."

„ I ka ihne wirklich koin geba, Frau Miller.

Sia müassad doch an da Frau Bebbele ihram Haus vorbei, und wenn dia Se denn sieht mit Ihrer Däscha voll Rhabarbr, woiß dia doch glei, daß der aus meim Garda isch, und noch isch dia auf ewig bees mit mir, und unsr Freindschaft isch im Eimer.

D Frau Bebbele hot bis jetzt mein ganza Rhabarbr griagt zum Entsafta, und des soll au so bleiba."

„Jetzt hon e me scho so arg gfreid auf an guada saftiga Rhabarbrkuacha, und Sia gebad mir jetzt an Korb. Do bin e abr scho enttäuscht."

Sagt d Frau Miller und lauft vrärgert weg.

D Frau Juso guggt ra a Weile noch und ruaft se denn zrück: „Jetzt kommad se hald, Frau Miller, se griagad an Rhabarbr. Mir wicklad an oifach ganz fescht in

Zeitungsbabier ei, und Sia gangad denn so schnell Se kennad hoim, damit Se da Frau Bebbele id begegnad, gell?"

D Frau Miller hot jetzt also ihran Rhabarbr, zahlt an und freid sich auf ihran scheena saftiga Kuacha.

Bevor se abr goht, will se doch no wissa:

„Sagad Se a mol, Frau Juso, was dund sia eigentlich na an ihren Rhabarbr, daß der so dick wird wia mein Unterarm?"

„Jo wissad Se" sagt do d Frau Juso, i hon do mei oigas Rezept.

I leer jedan Morga mei Nachthäfele na"

KUNSCHTVERSCHTÄNDNIS

Neilich hon e feschtgschtellt, daß heit in so manchem Baur an Künschtlr schteckt.
I bin do nämlich an ra Wies vrbei komma, an a ra abgmähda, und sieh do so weiße Säck dinna liega.
Dia sind abr jetzt id bloß so wahllos vrschtreut worra, noi, da sell Baur hot dia ganz akkurad in sei Wies nei glegt.
Balla für Balla isch doglega, wia wenn r mit am Metermoß da Abschtand abgmeßa odr mit am Winkl gschaffad hett.

Sonscht gfallad mr jo dia weiße Balla mittla in da Wiesa dinna überhaupt id, abr do, do hon es auf oimol id als schtörend empfunda, im Gegadoil. Weil se gar so schee na drapiert warad, hot s mr ganz guad gfalla.
I hon des plötzlich mit ganz andre Auga gseah, nämlich als gelungene Kollage, weil i do au no da Wald dahindr mit eibezoga hon in mei Bild.
I hon s also aufgnomma in mir und hon so bei mir denkt: „Dem Baur kennd ma riabig an Kunschtpreis vrleiha, denn so kunschtvoll, wia manche Künschtlr ihr Zuigs irgendwo na drapierad und zur Schau schtellad, und noch dafür an Preis kriagad, so kunschtvoll hot der Baur seine Balla au naplaziert in seinr grüna Wies.
Außerdem hot der Landschaftsbildnr sichr meh Kraft und Schwoiß vrbutza müaßa wia de andre."
Abr was rege me denn do drübr auf. Bei da Kunscht kommts jo letschtendlich id auf da Arbeitsaufwand drauf a, sondern aufs Endprodukt, i moin auf des was dabei rauskommt. Und daß bei allne, was dabei rauskomma isch, dofür schtand i grad und sag, was des meinr Moinung noch war, nämlich abschtrakte Kunscht.
Odr irre me do vielleicht?

Und wenn da Baur scho koin Preis kriagt do dafür, noch kriagt vielleicht der amol an Preis, der so a Kunschtwerk meischterhaft fotografiert und in a Ausschtellung bringt. Noch ka da sell Baur wenigschtens a bißle schtolz sei auf sei Arbad, weil se wert war se z fotografiera.

MONDSÜCHTIG

Sind Ihr au mondsüchtig? Hm?
Also i scho!

I moin jetzt abr id dia Mondsüchtigkeit, wo ma nachts
beim Vollmond aufschtoht und auf am Dach
rumschpaziert odr wo ma in da vrliabda Zeit am
liabschda in ra Vollmondnacht in d Prärie nauswandrad
zum anandr ahimmla und so.

Also des allas moin e jetzt id, wenn e von dr Mondsucht
schwätz.
I moin des, wenn ma sich an Mondkalendr und -buach
kauft und sei Leaba noch am Mondrhythmus ausrichtad,
so wia s oim do in dem Buach eschpliziert wird.

I ka euch saga, des isch a ganz tolle Sach.
Wenn ma des allas eihaldad und befolgt, ka oim schier
gar nix meh bassiera. Allas gelingt beschtens.
Vom Hoorschnitt übr d Fingrnäglkosmetik bis zum
allgemeine körperlicha Wohlbefinda.
Übr fascht allas kasch mit am Mond vrhandla, da
muasch bloß no aufbassa, daß da mitkommsch mit am,
daß de recht Zeit id vrbascht.
Zum Beischpiel bei deine Fingernägl.
Wenn da dia id zur rechta Zeit schneidasch, noch
muasch nämlich wiedr an ganza Monat warda damit,
und scho laufsch rum mit jesasmäßige Kralla odr gar wia
da Schtrubblpetr.

Und loß dr jo id eifalla, dein Rasa zum mäha, wenn dr
Mond zuanimmt.
Do atmad nämlich d Erde aus und allas schiaßt bloß no
so raus aus am Boda, also au dei Gras, und du muasch

mäha, mäha und mäha, wenn da Rasa immr kurz hon willsch.

Also sei gscheid und mäh an, wenn dr Mond abnimmt.

Denn do hangad dia Gräsr am Rockzipfl von da Muaddr Erde, und dia loßt se in dera Zeit id so schnell los.

Mit deim Zahnarzt sottascht au a Abkomma treffa, wenn dr an Zah ziah lossa muasch.

Im schlimmschda Fall muasch hald eba a mol vierzeah Dag lang dei Zahweh aushalda, wenn da grad ois griagsch kurz noch am Mondwechsl.

Abr do brauchscht dr jo deswega id allzuviel Sorga macha bei dera Auswahl von Schmerzmittl. Do kasch dr jo so viel davo kaufa, wia da wid, und dein Konsum davo am Zahweh aabassa und noch haldaschs scho so lang aus.

Und denn derfsch bloß an den Vorteil denka, den da hosch, wenn den Zah beim rechta Mondschei ziaha losch. Do woisch denn nämlich ganz genau, daß beim Zahnarzt id auf am Schraga liega bleibsch assa vrbluadada, weil sich des Loch, wo nr dr gmacht hot, wiedr ganz schnell schliaßt und guad aushäulad. Do bisch denn noch scho au froh.

Und dein Zahnarzt erscht!

Der muaß bloß dein faula Zah entsorga und id au no die.

Für des däd r jo mit Sicherheit id meh Honorar kriaga.

Des däd denn untr am a „Kunschtfehlr" laufa und högschtens Ersatzaschpruch eibringa, auf da ganza Ebene.

Jetzt fallt mer no ei wia des so isch mit am wäscha.

Mir wend doch alle s Wäschpulvr schpara und trotzdem a schneeweiße Wesch hon odr?

Des goht noch dem Büachle wunderbar.

Ma derf bloß sei Wesch auf an Haufa na dua und da Zeitpunkt abwarda - des undr Umschtänd vierzeah Dag sei ka -, noch wäscht sich dia Wesch fascht von alloi.
Do kennad mr bloß von Glück saga, daß ma heit für de kloine Kind Pampers hot. Ma müaßt jo sonscht grad dia vrbieslade Windla daweil so trockna loßa und de vrschißne au und nochher des braune Zuig abkratza odr ausbürschta daß ma dia kloine Würmla wiedr trocka lega kennd, wenn s Dromm daweil ausging.
Abr s Wäschpulvr wär eba denn dopplt gschpart.

Jo, jo, mit dem Mond isch des a feine Sach.
Was do an Zeit schparsch...

Nämlich, wenn da Mond am Abnemma isch, bisch beim Saubermacha in Nullkommanix fertig, weil do da Dreck bloß so wegfliagt, kaum daß da Lumba und d Bürscht dra na kommt, sozusaga wia von Goischterhand wegblosa.
Und dia Zeit, wo do jetzt übrig griagt hosch, kasch vrwenda zum Lackiera und Mola. Sottige Aschtrich hebad bombafescht, und dein Geldbeitl bleibt für so ebbas längr zua.
Desch doch guad! Odr?
Jetzt bassad no auf!
Weihnachta kommt beschtimmt au wiedr, und für des Fescht haldad für uns da Herr Mond a bsonders Schmankerl barad, denn d Danna bhaldad ihre Nodla bsonders lang, wenn ma se am a ganz beschtimmda Dag umhaut.
Etz muasch bloß do dazua an rechta Förschtr finda, der des an dem Dag macha loßt.
Und wenn der in Buxtehude odr in Trippsdrill wär, s däd sich auf alle Fäll lohna do na z fahra, denn a sottige Dann kennd untr Umschtänd ihre Nodla dreißg Johr heba (wia gschrieba schtoht).
Des wär doch ebbas, odr?

Johrelang müaßt ma nimmemeh noch am a Chrischt-
baum gugga und müaßt sich id aranza lossa, daß ma
koin Gscheidara gfunda hett und so.
Und was dia Nodla anbelangt, dia nadierlich inzwischa
braun worra sind?
Was macht des scho aus? Im Grund gar nix.
Des isch denn eba an Exot und kommt aus am Urwald,
do gibt s sottige Bäum. Und wenn d Nodla hebad, noch
ka ma au d Kerza und d Kugla wiedr nahenga. Was will
ma noch no meh.

I kennd jo jetzt grad no so weitr macha und no meh vom
Mond vrzehla, übr sei Wirkung auf unsr Erde und ihre
Gschöpfr.
Doch i will Euch jetzt bloß no vrroda, wias in meim
Garda aussieht in punkto Mond.
Also des isch a so.
Wenn e mei Gardaarbad noch am Mondplan mach,
noch grodad allas wunderbar. Meine Pflanza wachsad
schee a und gedeiad guad. Bloß mit de Sämling hon e
meine Broblem.
I sä mr do was aus, und was isch? grad jedas Kernle
goht auf! Desch denn so viel wia i meischtens gar id
brauch. Und weil e nix wegwerfa ka davo, ziahe dia
Zögling trotzdem auf und beglück denn noch
d Vrwandschaft damit.
Weniger aussäa isch bei mir abr trotzdem id drinn, weil
e am Mond doch id immer so ganz traua mag.
Do ka nr no so schee runtrscheina auf mi:

I gang liabr auf Nummr Sicher!

DO BRAUCHSCH NERVA

S Hansele derf s erschtmol mit seinr Mamma mit am
Zug fahra. D Mamma freit sich, daß se für ihran Bua no
an Fenschtrplatz ergaddra ka, wo nr schee nausgugga
und sich mit dr Landschaft do dussa geischtig beschäfti-
ga ka.

Des Büable macht des au ganz brav, und wia d Mamma
im Fenschtrschpiagl seah ka, werrad seine Auga au
immer größer, und sei Mäule schtoht vor Schtauna offa.
Abr zmol ruaft r ganz aufgregt:

„Mamma gugg mol gschwind."

„Jo Büable, was isch?"

„O, jetzt ischs vrbei."

„Was hosch mr denn zoiga wella?"

„Ha so a Vieh auf dr Wiesa."

„Was für a Vieh."

„Des woiß e doch grad id. I hon dr s doch drum zoiga
wella."

„Wia hot denn des ausgseah."

„Zwoi Hörnr hot s ghet."

„Was für Hörnr? Krumme odr grade?"

„Ha krumme!"

„So krumme. War des Vieh noch groß odr kloi?"

„Woiß e id."

„So, a Kuah kennsch doch odr?"

„Jo."

„Also, war s kloinr odr größr wia a Kuah?"

„Kloinr, viel kloinr!"

„Und was hot s für a Farb ghet?"

„Woiß e id."

*„Hot s a helle odr a dunkle Farb ghet, odr boides, hell
und dunkl?"*

„Boides."

*„So boides, also braun mit weiße Flecka und Schtroifa,
odr?"*

„Jo Mamma, jo!"

„Noch war s a Ziege odr an Ziegabock."

„Ah!
Im Kinsge hängt so a Bild mit so am a Viech drauf. Jetzt
woiß e au, wia des hoißt und ka s da Dande Elisabeth
saga. Ziege--Ziegabock--."

*„Jo, mach des no Büable, noch freit sich dei Dande
Elisabeth.*

*Und jetzt gugg abr no wiedr zum Fenschtr naus und frog
id soviel."*

„Jo Mamma."

„Mamma, gugg a mol ganz schnell, Mamma, gugg do!"

„Jo, was isch do?"

„Ha, des Schpitzige.- Oh, jetzt isch as vrschwunda!"

„I hon s no gseah Bua, des war an Kirchturm."

„An Kirchturm?

Unsr Kirchturm isch abr id so schpitzig!"
„Wia sollsch du des au wissa, mir sind bis jetzt au nia
aus unserm Nescht nauskomma.
Wia sieht noch unsr Kirchturm aus, Hansele?"
„Wia an Ball."
„Jo, wia an Ball, abr ma sagt zu so a ma Turm, wo aus-
sieht wia an Ball, Zwieblturm."
„Zwieblturm? Bei de Zwiebla muaß ma doch immr blära.
Muaß e jetzt au blära, wenn e amol mit dir in d Kircha
gang?"
„Noi, noi, des hoißt ma bloß Zwieblturm, weil der Turm
am End so rund isch wia de meischte Zwiebla und weil r
mit Kupfrbladda deckt isch, wo so a Farb hend wia
d Zwieblschala.
Guggsch mol unsern Kirchturm ganz guad a, wenn mr
wiedr dahoim sind. Gell? Noch siehsch selbr. daß des
so isch."
„Jo, abr was isch a Kupfr?"
„A Kupfr isch a Metall."
„Was isch a Metall Mamma?"
„A Metall isch.., a Metall isch.., ach komm, frog id soviel,
gugg liabr wiedr zum Fenschtr naus."
„I wills abr wissa, was a Metall isch und a Ku--Ku--."
„Du moinsch a Kupfr?"
„Jo."
„Also, des Kupfr glänzt wia Gold und --"
„Abr unsr Turmzwiebl glänzt doch id und du hosch doch
gsagt, dia isch aus Kupfr."
„ Jo woisch, wenns nei isch, noch glänzts, und wenn s
denn am Wettr ausgsetzt ischt, - wenn s also regnad
odr so - noch wird des Kupfr schtumpf und matt."
„Wia ka des matt werra? Du sagsch doch immr zum
Babba, nimm da Bua auf d Achsla, der Bua isch scho
ganz matt vom Laufa. Dia Zwiebl lauft doch id. Isch dia
matt worra, weil se immr am gleicha Fleck sei muaß und
d Sonna so hoiß isch? Gell, dia hot koin Babba, wo se
tragt, wenn se matt wird."

54

„Jo, jo, Bua, so wird s sei. Jetzt gugg abr no wiedr zum Fenschtr naus."

„Abr Mamma du hosch doch vorher au gsagt, daß des Ku--"

„Kupfr?"

„Jo, Kupfr, schtumpf isch. Mei Bleischtift isch au immr schtumpf, gell Mamma? und denn duasch an du schpitza.
Wenn etz dia Zwiebl schtumpf isch, duad ma se denn au schpitza?"

„Vielleicht."

„Au jo, noch wird se so schpitz wia der Turm, wo ne gseah hon, der hot mr viel bessr gfalla. Gell, dir au Mamma?"

„Jo, jo, etz gugg abr no wiedr zum Fenschr naus, do gibt s so viel zum seah."

„I will nimme zum Fenschtr naus gugga."

„Jo warum denn id?"

„Meine Auga sind doch so klei, i ka gar id allas so schnell seah.
Mamma, deine Auga sind viel größr, gell? und do sieht ma doch bessr und schnellr."

„Abr Büable, des hot doch nix mit da Größe von de Auga zum dua."

„Ah, abr mit da Farb."

„Was ra Farb"?

„Ha, da Babba sagt doch immr zu dir, unsr Bua hot seine blaue Auga von mir, und da Babba hot doch a Brilla und sieht id guad, und du hosch braune Auge und hosch koi Brilla. und drumm siehsch du viel bessr."

„I ka dr des jetzt nimme erklära, i bin so müad und mach jetzt a klois Niggerle, gell?
Gugg du no weidr zum Fenschtr naus, ebbas gibts immr zum seah."

„Jo Mamma, i loß de jetzt schlofa."

„Des isch abr liab, Hansele."

------------------------------ „ Du, Mamma."

„Hm ?"
„Gugg schnell, do isch an Hund, der hot bloß drei Füaß.
Wieso-- ?"
„Oh Bua, du frogsch me no z dod."

„Mamma, was isch dod,? sag?"

VERPACKUNG

Ab und zua vrschpürt ma an saumäßiga Gluschda auf ebbas Süaßas, auf ebbas Schpeziellas.
Bei mir warad des Eisguatsla, dia mi agmacht hond, während mr untrwegs warad mit am Auto.
Also hon e me, wo mr hend unsr Vehikl grad volltanka müassa, im Lada von dr Tankschtell umguggt und hon tatsächlich dia hoiß begehrte Guatsla gfunda, so vrpackt, wia se i von früher in Erinnerung ghet hon, in ra Rolla.
Schnell hon e se wella aus dera Vrpackung hola und schlotza, doch do wär mr da Gluschda danoch bald vrganga gwea.
Dia Röhrlaspackung war so fescht zammagmacht, daß se i schier id aufbrocht hon.
Endlich wars so weit, i hon s auf oinr Seita offa ghet.
Und was hon e gseha?... An roda Fada!
Mit dem hett e solla dia Vrpackung aufreißa, für des war der gmünzt.
Des nitzt was, hon e denkt, wenn der erscht zum Vorschei kommt, wenn da scho dinna bisch in da Vrpackung und wenn de scho abblogad hosch damit.
I hon zwar glei von Afang a an so ebbas denkt ghet und hon gsuacht und gsuacht noch so ra Annehmlichkeit, abr dia war id auszmacha außa danna.
Und noch finde dia inna dinna...Tsch!
Abr was soll s, jetzt war e froh, daß e so weit komma gwea bin und hon denkt, i dirft jetzt dia Vrpackung bloß no hochheba und dra schüttla, noch dädad dia Guatsla rausrugala. Doch wia ne au schüttl und schüttl, dia Guatsla hond gschtreikt und sind drinn hocka blieba.
„Jo, was isch denn jetzt no los, Heimatland?" hon e vor me nagmault.
Dia Guatsla hend sich nämlich id um allas in dr Welt rausschüttla lossa.

Also hon e de ganz Vrpackung vrrissa.
Was e denn abr gseah hon, hon e id glauba wella und
hon bloß no da Kopf schüttla kenna übr so a Hirnrissig-
keit.
Jedas oinzelne Guatsle isch eipackt gwea in ra ganz
dünna Folie, s war so guad wia mit am vrschwoißt, und
dia hett e solla aus ihrer Hülle befreia.
I hon s gschafft, abr frogad me bloß id wia.
Kratza hon e müaßa am Babierle, kratza und nomol
kratza und hon mr dabei fascht meine Fingernägl abbro-
cha, bis do endlich des reine Guatsle zum
Vorschei komma isch.
Bei dera Schinderei hon e mei ganze Energie vrbraucht,
und mein Zuckerschpiagl isch rapid abgsunka gwea,
und so hon e hald alle Guatsle denn glei nochanandr in
mei Maul nei gschtopft, bis e schier nimme hon babb
saga kenna, bloß damit des Defizit wiedr ausglicha war.

Jetzt frog e mi, muaß sowas sei? Bei so ra Vrpackung
vrgoht oim jo s Schlotza.
Auf alle Fäll hon i koi Luscht meh auf a sottigs
Gletschreis und auf an solcha Schtress.
Wenn e wiedr a mol an Gluschda hon auf so ebbas,
noch mache an Ausflug in d Berg und hol mr do was. Do
bringt mi d Bergbahn na, ganz bequem, und des Eis
liegt ded ohne Vrpackung do und isch frisch und reine
Natur und wardad bloß auf mi. I derf freidig zualanga
und ka schlotza, schlotza, schlotza mit vollem Gnuß und
bis e gnuag hon.

Und an Gnuß will i vrschpüra beim Schlotza und ka
drum koin Schtress dabei braucha.
Den kriag e woanderscht au, wenn en will.

URLAUBSFREIDA

Mir warad unterwegs mit am Wohnmobil und hend
ubedingt a mol in Gottes freier Natur z Morga essa
wella, weil mr do, wo mr gnächtigt hond, id so ugschtört
warad, wia mr s gern ghet hettad.
Mir hend denn au gar id lang aufgräumt und sind glei
losgfahra mit nüachtarnam Maga.
An Waldrand odr sonscht a netts romantischs Plätzle
zum Vrweila, des hemmr uns vorgschtellt ghet.
Mir haldad also fleißig Ausschau noch so ebbas und
hend au scho bald was gfunda, unserer Moinung noch.
Wia mr abr abbiagad in dia Waldschneis nei, schtoht do
a Schild mit da Aufschrift: „ Durchfahrt verboten"
No jo, weidr id schlimm, parkad mr eba wo anderscht,
sagad mr uns und fahrad zua.
Des war abr schnellr gsagt wia ausführbar, denn
ausgrechnad an dem Morga, wo mir s uns bsonders
schee macha wend, kommad mir in a Gegend, wo mr
nirgends neifahra derf. Immr kommt so a bleeds Schild
in Sicht. S isch grad zum davojugga.
Inzwischa brennt d Sonn scho mächtig aufs Autodach,
und uns zwoi wird s in dem fahrbara Untersatz langsam
z warm. Do hilft allas Scheiba rabkurbla nix me,
s kommt koi kalts Lüftle rei.
Do, noch elendslangr Zeit, taucht an großa Parkplatz
auf, schee schattig untr Bäum glega und botzaleer.
„So, do bleibad mr jetzt", sagt mein Ma, „ und machad
uns an Kaffee."
Doch do ka i jetzt nimme mitmacha und schtell me
dagega:
„ Also woisch" sag i, „ mein Maga hengt scho ganz weit
unda, und d Zunga bäbbad mr au am Gauma vor laudr
Durscht, und s isch mr au scho ganz bleed dabei. I hon
jetzt absolut koi Luscht me, zerscht do hinna s Zeig
zum Narichta und denn no da Kaffee z macha. I hon

s Gfühl, wia wenn e go glei aus de Latscha kipp."

„Ha komm", sagt do da Ma, „ i mach d Vorheng zua und d Schotta dicht und denn gemmer in des Gasthaus nei, wo do hinda hindr dene Bäum schtoht und drinkad do unsern Morgakaffee. Kalt wird wege dem id gveschprad, und so weit wirsch denke, scho no laufa kenna, ohne daß mr umkeisch."

Mir marschierad also do nei, bschtellad uns an Orascha-saft, und i bin erscht noch am dritta Glas fähig, bei da Kellnere weitere Wünsch z äußara.

„ Mir hettad boide gern a Frühschtück, was kennad se uns do abiada?"

„ Jo, Frühschtück gibts bei uns id!", kommt s batzig.

„ Noch nemmad mr Buddrbretzla odr Wecka und a Kännle Kaffee dazua."

„ Bretzla und Wecka gibts au id. Kaffee scho", sagt se grandig.

Mir lonnd uns deswga abr id schocka und vrlangad a Schpeiskart.

Dia wird glei drauf na mit Nochdruck auf unsern Disch na pflatzt.

Mir vrtiafad uns in aller Seelaruah in dia Angebot von da Veschprseita und bschtellad uns noch zum Kaffee a Veschperplatte mit Wurscht und Käs .

Aber was uns do denn brocht wird, vrschlagt uns da Atem. Mit so was hettad mr nia grechnad. Uns quellad dabei fascht d Auga übr.

An übervolla, schee garnierta Deller wird vor uns na gschtellt, mit eiserner Miene.

Mir machad uns übr des Veschpr her, wia wemmr scho acht Dag lang nix meh griagt hettad, und ums Nummgugga isch da Dellr ratzebutz leergfegt.

Mir warad jetzt meh wia satt, warad ausgruahd und zfrieda.

Mir hend unsr Essa zahlt - a Trinkgeld für d Bedienung war id drin, weil s dia häßlich Amsl unsrer Moinung noch id vrdient hot - und sind noch hochbefriedigt nausmarschiert.

D Dier war no id ganz zua, noch herad mr grad no, wia d Kellnere sagt:

„ Des hon e gern, mittags um ois komma und no a Frühschtück wella. Wenn dia sich koi Mittagessa leischta kennad noch sollad se doch dahoimbleiba, dia Klufamichl.“

Erscht jetzt isch uns a Licht aufganga, und mir hettad solla neiganga und uns entschuldiga und saga, daß mr id gwißt hond, daß as scho so schpät isch, weil mr de ganz Zeit id hend auf d Uhr guggt ghet.

Abr des hemmr noch grad mit Fleiß id dua.

Soll doch dia denka von uns, was se will.

BEIM ZAHNARZT

Neilich war e beim Zahnarzt und bin do von so ra
Assischtendin auf da Behandlungsschtuahl dirigiert
worra. Wia ne me do so neiquält ghet hon und mr s
gmüatlich hon macha wella, hot se me oifach hinda-
nundr kippt, daß e grad zum Liega komma bin.
Do hon e bei mr denkt, au recht, machsch a Niggerle.
S hot sich abr sofort ghet mit am Niggerle.
Da Doktr isch auftaucht und hot glei noch da
Begrüaßung befohla:
„Machad se a mol bitte ihran Mund auf."
I hon mein Mund aufgmacht zum Schwätza, doch bevor i
hon ebbas saga kenna, goht r her und fahrt mr, mir nix dir
nix, mit seine Fingr in meim Maul rum und schtopfts mr.
I will saga, daß r mr a baar Babierbolla zwischa d Zäh und
d Oberlippa quetscht hot. Und sei Assischtendin hot mr
denn no so a Abflußröhrle an d Lippa na henga müaßa,
des denn mei ganze Schbugge weggsaugad und mei Maul
trocka glegt hot, daß i au jo gwieß id bab saga ka.
Wia wenn do dia Babierbolla id alloi dazua glangad
hettad.
Abr gell, da Doktr ka scho mit oim schwätza und Froga
schtella, obwohl r doch wissa muaß, daß ma jetzt sei
Gosch id no weidr aufmacha ka zum Antwort geba.
Do kasch jo bloß no dein Kopf zur Hilf nemma, wenn d
jo moinsch odr noi, und schüttlsch an odr niggscht mit
am. Abr des losch do au liabr bleiba, wenn da trotz al-
lam no a mol wiedr zum Schwätza komma willsch. Da
kasch jo id riskiera, daß r dr d Zunga halba odr glei ganz
abschleift, wenn r deswega mit seim Inschtrument ab-
rutscht und daneba dabbt.
Mei Zahnarzt hot me also au ebbas gfrogad, und was
hon e gmacht in meinr Not?
Schtatt daß e mit de Auga hett flirta kenna, hon e meine
Lidr senka müaßa zum jo und d Auga rolla zum noi.

Er hot me abr gottseidank vrschtanda und hot voll Inbrunscht mei Gebiß malträtiert,
bis r endlich s Loch groß gnuag ghet hot, daß r sein Zement hot nei drucka kenna. Vorher hon e abr no müaßa gurgla, daß dia Gruab au leer worra isch von dem Kies, wo nr mr do abgraba ghet hot.
Jetzt war des Loch also zua, und r hett kenna zfrieda sei. Abr noi, schtatt dessa befielt r mr: „Beißad se a mol auf d Zäh!"
I hon des brav gmacht, weil r mr erklärt hot, daß des sei müaßt zur Kontroll, ob jetzt au alles sitza däd.
Wie nr des noch hot gsichtad ghet und für guad gfunda ghet hot, noch hon e nomol müaßa zuabeißa.
„Fünf Minuda", hot r gsagt, „mund se no auf d Zäh beißa", und vor r zur Dier naus isch, no: „Jetzt dund s es no genießa!"
Was soll e genießa?
I war mr do absolut id sichr, wia nr des jetzt gmoind hot mit dem „genießa".
Hot r jetzt do s liega gmoind auf am Schraga odr hot r sich eibildad, daß des so schpaßig isch, wenn ma de ganz Zeit auf d Zäh beißa soll und dabei sei Maul zua lossa und sei Gosch halda muaß. Außerdem hon e jo scho de ganz Zeit auf d Zäh bißa, wo ne mein Schmerz vrbißa hon.
I nimm abr gern a, daß r s guad gmoind hot, obgleich r dia fünf Minuda schier gar zur a halba Schtund nauszoga hot, wia mrs vorkomma isch. daß i fascht scho an Mundschtarrkrampf griagt hon dabei.
Abr wia nr sehad, i hon s überlebt. Jo, i hon sogar no ebbas glernad dabei, weil e Zeit ghet hon zum Nochdenka. S isch mr nämlich do erscht so richtig auf-ganga, wieso des immer hoißt:
Beiß hald auf d Zäh.
Nämlich so viel, daß hinterher alles paletti isch.

VERWANDLUNG
nach Kafka

Üförmig, eckig, kantig schtand i jetzt do. Ka koi Wort
meh reda. Ka nimme laufa, schpringa, pfeifa, lesa. Ka
überhaupt nix meh dua. Muaß warda, bis ebbr zua mr
kommt.
Uvrschtändlich, wia des mit mir hot bassiera kenna, grad
so übr Nacht.
Mit dem muaß e jetzt hald leba.
Abr, isch des eigentlich a Leba und ka ma des no so
nenna, wenn de nimme mitteila kasch? Und wenn da
schtockschteif doschtanda muasch und deine Füaß id
vo alloi noche dua kasch?
I hett mr des nia selbr rausgsuacht, i hett me nia und
nimmr als Kloiderschrank in a Eck neigschtellt. Sowas
wär mr id im Traum eigfalla.
Wer war des überhaupt, der mir so was hot adua
kenna? A fremde Macht? Odr was?
Des wirre wohl nia rausbringa.
Jetzt muaß e me hald in mei Schicksal füaga und
abwarda, was d Zeit bringt.
I ka mr abr scho denka, wia jetzt mei Dasei in Zukunft
aussieht.
D Schlüßl wird ma mr zeahmol am Dag im Schlüßlloch
rumdreah, und i wirr a Gfühl griaga, wia wenn ma in
meine Eingeweide drin rum schtochara däd. Und denn
werrad se dia Diera aufschperra, so weit, daß as bloß so
knarzt, und da ganze Schtubamief wird sich denn no in
meim halba Kubikmetr Raum schtaua.
Mi graust s und schüttlt s jetzt scho davor.
Kloidr und Wesch wird ma mr bringa.
Ob des wohl Gschlamberte sind, wo mir ihr Zeig
neiwerfad, assa ugwäschana, schtinkad noch Schwoiß,
Rauch und Knoblauch.
Brr!

Mei Überlegung konzentriert sich abr scho meh auf de Ordentliche, noch wird s mr wenigschtens id scho vorher schlecht.

Auf dia ka ne me freia. Dia machad nette Beigla, legad d Pulli, Hemda, Hosa schee aufanandr in mei Regal nei, ihre Kloidr hend se auf de Biegl, und allas isch adrett und saubr und schee glatt bieglad und ohne Fäldla. Au werrad se mei Schtang benütza und ihre Kloiderbügl, belada mit ihre Kloidr, do drauf rum rutscha lossa.

Des wird denn ebbas vom Luschtigschta sei. Do wirr i mir denn vorkomma, als wia wenn i auf am Schpielplatz wär, wo sich d Kindr am a Ring hebad und denn mittls an ra Rolla übr da ganze Schpielplatz sausad. Des ka i mir toll vorschtella in meim jetziga Dasei und wird me wiedr aufrichta, wenn e Hoimweh kriag noch de alde Zeita. Abr...

Pscht, horch, s kommt Ebbr!

Au, des war am Schlüßlloch!
Knarz, des warad jetzt d Diera!
Jetzt hoißt s abwarda:

Sind s Ordentliche odr Gschlamberte?!

UWERT

Nausschmeißa du en go zum Haus, was glaubt denn
der wer i bin?
I bemüah me Dag um Dag um an, und der duad id da
Gleicha.
Hockt bloß rum und loßt da Herrgott an guada Ma sei.
S meischtmol guggad r zum Fenschtr naus.
I mecht bloß wissa, was do immr so intressant sei soll?
Daß auf da Schtroß Auto fahrad, des woiß doch heit
scho jedas kloine Kind.
Nadierlich im Sommr isch scho meh los, do fahrad
vielleicht hundert Prozent meh am Haus vorbei. Und a
baar Mala und Weibla wuslad au meh umanand.
Abr sonscht? Vögl? - Gibt s nimme!
Welchr Vogl wed jetzt au aufs Pflaschtr hocka und sich
ded dod fahra lossa, do müaßtr scho au an perfekta
Vogl hon.
Da Lärm do umanand isch au groß gnuag, zum so am a
Vogl auf da Weckr z ganga.
Mir kennad do amol, wenn s uns z viel wird, Ohropax in
d Ohra schtopfa odr d Fingr in se nei drucka. Ka des
vielleicht an Vogl dua?
Also bleibt r liabr weg vo dera Gegend.
Katza gibt s deswega au nimme zum Beobachda, weil
da do, wo koine Vögl sind und koine Mäus, au koine
Katza meh siehsch. Dia gennd do liabr auf s Feld naus.
Jetzt mechte also wirklich no wissa, was as do so
Wichtigs gibt auf da Schtroß, daß ma sich under s
Fenschtr hanga muaß.
Wemma sonscht koine Ambitiona hot...?
Also mir wär des scho schee z langweilig, des muaß e
scho saga.

Abr des isch jo gar id s Hauptsächliche, was mir da Ärgr
vrschafft.

Sei Blindheit isch s, geganübr allam und jedam.

I bring am jedan Dag s Essa und s Trinka und was r sonscht no so braucht. Doch glaubad bloß id, daß i do a mol a Dankschee griag dafür, des kommt bei dem jo gar id in Frog, do kennd r sich jo sonscht oin abbrecha.

Wenns bloß a mol a baar Blümla wärad, noch wär e scho zfriedenr mit am.

Abr denkschte, nix isch.

Des guggt r als reine Vrschwendung a, wia nr mr klargmacht hot, wo nen gschtupft hon dawäga.

Und, i glaub zum Trotz, bemüaht r sich neierdings id a mol meh um a einigermaßa guads Ausseha.

Richtig troddelig und schrumpflig sieht r afanga aus in seinr Montur.

I muaß me grad für an schäma. Abr er loosad jo id auf oin. Also denke, muaß r eba dia Konzequenza do draus draga.

I bin jetzt fescht entschlossa, pack sei Bündl und bring den wüaschta vrkommana Dingaler ins Altersheim.

Sollad dia gugga, wia se klar kommad mit am. Vielleicht kennad dia s bessr mit am wia i.

S isch mr denn noch grad au gleich, als was e aguggt wirr vo de Leit. Als herzlos odr was woiß i id allas.

D Hauptsach isch, i hon mein Frieda wiedr und hon an los - mein Kaktus.

GNITZ

Da Paule hot als Landwirtschaftsschüalr sei Praktikum
bei ma Großbaur macha müaßa, der Milch und Viehwirt-
schaft betrieba hot.

S Essa und d Behandlung warad guad, do hot da Paule
id klaga kenna. Bloß mit am Kaffee, den s jedan Mittag
geba hot, do war r id so ganz zfrieda, der war am hald
viel z schtark.
Er hot aber deswega id gmeckrad, noi, er hot eba sei
Tass bloß halba voll gmacht und da Rescht mit Milch
aufgfüllt.

D Bäure hot des drei Dag lang beobachtad.
Am vierta Dag herrscht sen a:

„He du, dua au id soo viel Milch nei! Du brauchsch jo im
Dag alloi a Dos Milch. Wenn des jedr so macha däd...
Wo käm ma denn do na! Ab Morga nimmsch du a
frische Kuahmilch, vrschtanda!"

Am andra Dag, wo allas am
Kaffeedisch ghockad isch,
isch da Paule aufgschtanda
und isch zur Schtuba naus.
Mit a ma Krug isch r wiedr
rei komma.
Er hot sich seelaruhig an
sein Platz na gsetzt und hot
sich do draus eigschenkt.
D Bäure guggt am zua und
isch vrdutzt, daß do koi
Milch, sondern a Wassr in
dia Tass nei rinnt.

„Jo, was soll jetzt des, was soll des geba , wenn des fertig isch, ha?" frogt sen.

Do hot da Paule ganz uschuldig drei guggt und gsagt:

„I vrdinn mein Kaffee damit, daß e id so viel Milch brauch."

DEUTSCH GEREDET

FRÜHLING

LIEBE SEI

Wie

Federwolken
Blauer Himmel
Sonnentag

Leicht
Vertrauensvoll
Warm

Nicht

Blitz
Donner
Regen

Spitze Zunge
Harte Worte
Tränen

Einfach nur

Lieben
Sich
Einander

Lieben

MELODIE

Du schmetterst ungeniert
Melodien
In meine Ohren

Lieblich
Lautstark
Frech

Läßt mich meinen Traum
Nicht zu Ende träumen

Weckst mich auf
Mit deinem Gesang

Bringst es fertig
Daß ich dennoch froh
Den beginnenden Morgen begrüße

Die Leichtigkeit deiner Töne
Mit hinein nehme
In den beschwerlichen Tag

Kleiner schwarzer Sänger

WASSERFALL

Wasser stiebt

Über graue Felswände
In jähe Tiefe

Sonnenstrahlen treffen
Milliarden Tropfen

Vereinen sich mit
Dem Blau des Himmels

Und malen
In den Wasserschleier

Einen vielfarbigen
Regenbogen

FLÜGGE

Kaum flügge
Wolltest du
Deine kleine Welt
Erobern

Wußtest nicht daß
Der Weg dorthin
Voller Gefahren

Auf schmutziggrauer Straße
Nahm dein junges Leben
Ein Ende

Dein Kleid
Blutverkrustet
Plattgewalzt

Die schönen Farben verwischt
Kaum zu erkennen
Wer du warst

Vielleicht schon ein paar Tage
Vielleicht eine Woche
Später
Wäre dieses an dir
Nicht geschehen

Dann nämlich wärst du
Mit Leichtigkeit
Über das todbringende Etwas
Hinweggeflogen und
Hättest dir so
Deinen Weg gesucht

Kleiner Bussard

NACKTER FELS

Nackter
Fels
In Gold getaucht

Nackter Fels
Verschönt

Durch die Strahlen
Der untergehenden
Sonne

IM TAL

Dort
Unterhalb von
Bewaldeten Hängen und
Sanften Hügeln

Im grünen Tal
Gluckst und plätschert
Wasser

Klar und rein
Überspült es Felsgestein und
Kiesel

Ruhig dann
Fließt es
Als Bach dahin

Noch
Fühlen sich
Riedgras
Hahnenfuß
Schlüsselblumen
Wohl

An seinen Ufern

SOMMER

IM SOMMERWIND

Schillernde
Große und kleine
Glasklare Kugeln

Quellen aus Fenstern

Steigen auf in Gäßchen
Und Hinterhöfen
Wirbeln durch die Lüfte

Hinterlassen Spuren

Auf Asphalt
In Gesichtern
Im Gemüt

Seifenblasen

Die zerplatzen
Oder langsam
Zergehen

WEIßE PRACHT

Weiße Flocken
Vom Sommerwind getragen

Schweben in entlegene Winkel

Wehen durch offene Fenster
In Stuben

Legen einen Schleier
Über Gräser Blumen

Bleiben in Mahden liegen

Am Straßenrand
Blütenschnee von
Blühenden Pappeln

SCHATTEN UND LICHT

Letzte Sonnenstrahlen
Entreißen noch
Für kurze Zeit

Die Landschaft
Am jenseitigen Ufer
Aus den
Schatten der Nacht

Tauchen
Abschnitt um Abschnitt
In helles Licht

Leuchten aus
Entfernte Winkel

Spiegeln sich
In Fensterscheiben

Lassen die Landschaft
Wieder

Stück für Stück in
Die Schatten gleiten

Wenn die Sonne sich
In die Nacht ergibt

GEWITTER

Schwarze Wolken
Verdüstern
Den Tag

Blitze stürzen

In Bäume
Häuser
Scheunen

Flammen züngeln

Entfachen Brände
Färben den Himmel
Rot

Donner rollt

Regen fällt
Der See blubbert
Asphalt dampft

Sonnenstrahlen
Stehlen sich durch
Den verdüsterten Himmel

Wolken lösen sich auf

Blauer Himmel
Erhellt
Den Tag

GLASKLAR

Sonne
Deine Strahlen
Durchbrechen
Buschwerk

Tasten sich
Durch Zweige
Des Nadelbaumes

Durchdringen
Das Glas
Meines Fensters

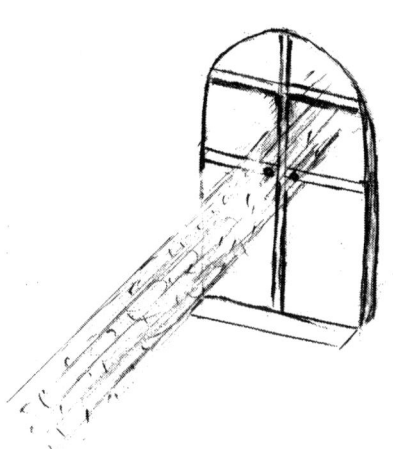

Durchqueren
Mein Zimmer

Klammern sich fest
An der Wand
Hinter meinem Rücken

Glitzernde Stäubchen
Machen auf deinem
Strahlenband

Verunreinigte Luft
Sichtbar

STURMWARNUNG

Schwarze Wolken
Fahlgelber Himmel

Regenschleier
In der Ferne
Überm Gebirge

Windgepeitschtes Wasser
Schaumkronenbesetzt

Schmutzig
Grün
Gelb

Segelschiffe kämpfen
Mit den Wellen
Auf dem Weg zum
Sicheren Hafen

ÜBERSCHWEMMTES LAND

Ratten haben
Keine Bleibe mehr

Suchen sich Verstecke
An Land

Tappen in ausgelegte Fallen

HERBST

FATA MORGANA

In der Ferne wogt ein See

Doch

Beim Näherkommen

Seh` ich

Nebelschwaden wallen

Über grünem Gras

AUSBLICK

Tief unter mir
Am Fuß des Berges

Durchleuchtet von der Sonne

Stehen im grünen Gras
Bäume und Sträucher

Buntbelaubt

Umsäumen
Den glitzernden See

Werfen Schatten

Spiegeln sich
In seinem Wasser

Hinterlassen Spuren
Auf meiner Seele

REIFE

Äste neigen sich
Zur Erde

Unter schwerer Last
Fast zerbrechend

Unter der Last
Von großen
Rotbackigen Äpfeln

Es wird Zeit
Sie zu pflücken

Die Äste
Zu entlasten

Zu neuem Wachstum
Zu neuer Reife

NEBEL

Ich stehe
Auf dem Gipfel

Nebelschwaden
Unter mir
Verhüllen
Die betriebsame Stadt

Stille um mich

Wohltuend
Erholsam

Fast möchte ich
Oben bleiben und
Immerzu träumen
Unter dem blauen Himmel

Doch ich bin
Kein Kind der Berge

Weiß daß mich

Die Stille der Bergwelt
Auf Dauer erdrückt
Steige hinab
Überwinde die Nebel

Und nehme
Die Stille mit hinein

In die lärmende Stadt

HERBSTTAG

Tannen winken
Weiden wedeln
Blätter tanzen

Gelbe
Braune
Rote

Birnen
Nüsse
Äpfel

Fallen
In grünes Gras

Und inmitten von Grün
Fallenden Laub
Und Obst

Grasen Kühe und
Suchen sich aus
Was ihnen bekommt

HERBSTANFANG

Unter grauen Felswänden

Noch

Satte Wiesen
Grüne Tannen

Doch schon

Gelb leuchtende
Lärchen

Brauner Ahorn
Rote Buchen

Goldblättchen
Behangene

Birken und Eschen

Sonnenstrahlen
Veredeln sie

Der Wind
Bläst sie fort

AM WEGE

Junge Birken

Mit mattseiden
Schimmernder
Rinde

Wind fächelt
Ins Gezweig
Wispert

Laub löst sich

Flaumfederleicht
Goldfarben
Segelt es zur Erde

Verfängt sich
In meinem Haar

Raschelt
Unter meinen Füßen

WINTER

FLOCKEN

Flocke um Flocke
Zur wärmenden Decke
Für
Erde
Strauch
Baum

Flocke auf Flocke
Watteweich
Federleicht
Werden zum Schwergewicht
Daß
Äste brechen

WINTERTAG

Kaltes
Blasses Licht
Scheint durch Wolken
Auf schneebedecktes Gebirge
Auf graues Wasser
Auf das weite Land

Kaltes
Blasses Licht
Der Wintersonne
Läßt Luft
Feucht empfinden
Macht frösteln

Sonne
Ohne Wärme
Kalter Tag

WINTERWIND

Wind pfeift ums Haus

Schnee fegt in Ritzen

Drinnen in der Stube

Singende Wärme

Aus dem Ofen

RAUHREIF

Auf den Bäumen

Weißes Geriesel
An jedem Ast
An jedem Zweig

Weiße Schwingen
Weiße Gefieder

Lösen sich auf
Tropfen und tropfen

Im Tauwind

IM WALD

Vorgespannt
An schwerbeladene Wagen

Sehnen
Muskeln

Gespannt
Zum Zug

Stehen Rückepferde
Im Wald

Um Baumstämme
Ans Ziel
Zu bringen

Lohn
Der schweren Arbeit
Des Waldarbeiters

SCHWARZER BREI

Entlang der Straße

Ölrusschmierengesättigt

Gosse und
Grünes Gras

Neben
Weißer Decke

Aus
Glitzernden Kristallen

BAUERNMALEREI

Am Wiesenhang
Graphik
Ornamente

Farbstreifen
In Braun

Gemalt mit
Ausgebrachter Gülle

Bunt Gemischtes

BAHNFAHRT

Ratter ratter

Holpert´s über die Weichen
Gleitet in gleichmäßigem Rhythmus
Weiter dahin auf den Schienen

Durchschneidet das Land
Läßt rechts und links
Dörfer Wälder Wiesen liegen

Der Zug

In dem Menschen sitzen
Die alles in sich aufnehmen
Was er ihnen zu bieten hat

Immer wieder über Weichen
Ratternd und ratternd

HARMLOS

Dicke Wolken
Rollen übereinander
Ineinander
In schneller Folge

Überziehen den Himmel
Machen sich breit
Auf der Erde

Schwaden in Gelb-Grau
Haben sich freigesetzt
Quellen
Aus dem Fabrikschlot

Menschen wurden nicht gefährdet

SCHWERELOS

Schwerelos
Laufen
Gleiten
Heben

Sich fallen lassen
In die Töne
Der Musik

Sich hingeben
Dem Rhythmus
Um Gleichklang
Der Bewegungen

Darstellung von
Kraft
Vertrauen
Sensibilität

Schweben
Auf dem Eis

DÄMMERUNG

Ich sehe nackten Fels
In rotgoldenes
Licht getaucht

Sehe seinen Schatten
Gleiten
Über das Dorf
Über Wiesen
Über Rebhänge

Sehe leichte
Nebel wallen
Schemenhaft

Schaue in
Dunkle Tobel

Sehe
Das rotgoldene Licht
Langsam entschwinden
Einzelne Lichter
Aufblitzen

Spüre Stille
Einsamkeit
Nacht bricht herein

Ich muß mich sputen
Muß den richtigen Weg
Noch finden

Ich muß mich sputen

BEREDTES SCHWEIGEN

Ihr Mund ist stumm
Ihre Ohren hören nicht

Und dennoch

Sie sind beredt
Nehmen Sprache auf

Hände und Fingerglieder sind
Ihre Instrumente
Die sich formatieren

Zu Worten
Zu Sätzen
Zur Sprache

Zur Verständigung

Faszinierendes Ballett
Für Hörende
Für Lautgebende

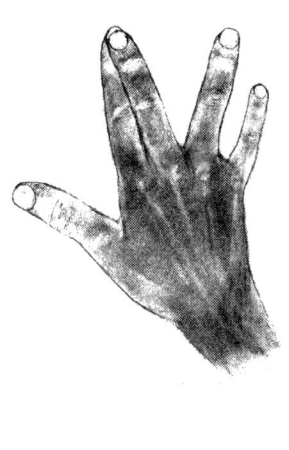

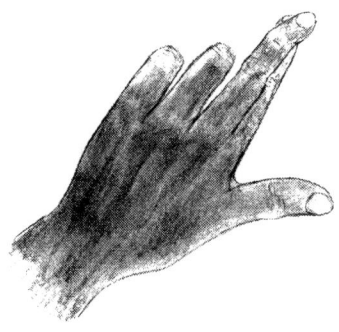

HEIMWEH

Augen tasten den Himmel ab
Suchen nach vertrauten Sternen
Hände strecken sich aus
Wollen fassen was nicht erreichbar ist

Vertrautes wird nicht gefunden
Hände bleiben leer

Was bleibt
Ist die große Sehnsucht
Nach der fernen Heimat

UNTER BALDACHINEN

Unter Baldachinen
arbeiten
unter Baldachinen
ernten

Unter Baldachinen
weiße
blaue
goldglänzende

schwere Dolden
hängen
voll süßer
köstlicher Trauben

Dolde
um Dolde
wandert
in die Bütte

geschnitten von
fleißigen
Winzerinnen und
Winzern

unterm grünen
Baldachin
der Weinblätter
am Kalterer See

ERKENNTNISSE

Es gibt keine Beeinflussung der Wahrheit, höchstens
deren Bestärkung.

*

Wenn die Winde wehen, ist das Erschreckende an der
Erlösung, daß sie meistens stinken.

*

Der Mensch tut alles Mögliche um zu gefallen, putzt sich
raus, bedient sich der Farben, will hoch hinaus.
Felsen überragen ihn, sind nackt und grau und dennoch
schön und majestätisch.

*

Ein bißchen Freude

Ein bißchen Liebe

Kann viel bewirken

Aber ein bißchen Friede

So gut wie nichts

Es bleibt Unfriede zurück

WORTSPIELEREIEN

Mit M

Die Hummel summt
Mama brummt
Mimi macht Männchen
Das Mäuschen mausert sich zur Maus

Mama möchte Mutzenmandeln machen
Der Müller muß mehr Mehl mahlen

Der Maler malt morgen mehr
Er muß das Meer mal malen

Mehr muß man machen mögen
Wenn man mehr machen muß

Leute lacht lieber lauter
Lauter lachen macht Laune

Mit SS

Gute Esser die Essen fassen
Können nichts im Kessel lassen
Andre Esser aber hassen
Die nichts im Kessel lassen

Mit H

Für Helga hackt Hans Holz
Heute haßt Hans Holz hacken

GESCHICHTEN

DER KÖNIG VON AFRIKA
(Märchen)

Es war ein gesegnetes Land. Irgendwo in Afrika.
Es gab Obstbau, Ackerbau und Viehwirtschaft.
Der Boden war fruchtbar. Die Menschen dort waren
zufrieden und glücklich.

Nur der Herrscher im Land wollte mehr, immer mehr.
Er beutete sein Land aus.

Er ließ den Wald abholzen und die letzten Tropfen Was-
ser aus den Brunnen pumpen, um seine Plantagen zu
bewässern. Auch ließ er unverhältnismäßig große Men-
gen von Spritz- und Düngemitteln ausbringen für eine
noch bessere Ernte, für eine immer noch reichere Aus-
beute.

Eines Tages flog er mit seinem Minister nach Europa,
um dort mit den Außenministern einiger Länder zu ver-
handeln. Er hatte jetzt Nahrungsmittel im Überfluß und
wollte mit ihnen ins Geschäft kommen.
Die Minister schlugen ein Tauschgeschäft vor und ver-
sprachen ihm Autos, Computer und Software. Außer-
dem noch vieles andere, das man zu einem modernen
luxuriösen Leben braucht.
In Hochstimmung und überglücklich über das gute Ge-
schäft beschloß er, seinen Minister nach Hause zu
schicken, und während er selbst ganz Europa bereisen
wollte, sollte der sein Land in dieser Zeit verwalten.
Und so geschah es auch.
Der Minister flog nach Afrika, und der König blieb in
Europa.

Dem König gefiel Europa außerordentlich gut. Es gefiel
ihm sogar so gut, daß er sich mehrere Monate dort auf-

hielt und nicht im Traum daran dachte, daß es jetzt auch einmal Zeit wäre, um in Afrika selbst wieder nach dem Rechten zu sehen. Er vertraute seinem Minister voll und ganz, wenn ihm dieser, bei seiner telefonischen Anfrage, Bericht erstattete und ihm versicherte, daß alles in bester Ordnung sei.

Endlich hatte er genug von fremden Ländern und bekam Sehnsucht nach seiner Heimat. Er beendete seine Reisen, charterte ein Flugzeug und flog mit ihm, frohen Herzens, wieder nach Afrika zurück.
Dort angekommen, stellte er fest, daß er der einzige Passagier war, der aus dem Flugzeug stieg und die Gangway hinab schritt. Und es berührte ihn eigenartig, daß, außer dem Boden - und Flugpersonal, keine Menschenseele auf dem ganzen Flugplatz zu sehen war. Nicht einmal sein Minister war anwesend, um ihn willkommen zu heißen, obwohl er ihm ein Telegramm geschickt hatte, nachdem telefonisch keine Verbindung zustande gekommen war.

In seinem Palast angekommen, mußte er dann feststellen, daß dieser leer war, leer und verwahrlost.

Er ging ins Dorf.

Was er dort sah, ließ ihn trotz Gluthitze bis ins Mark gefrieren.
In den Hütten lagen Alte und Gebrechliche in den letzten Zügen, allein gelassen.
In den Ställen fand er verendetes Vieh und auf den Straßen Kadaver von Hunden und Katzen.
Kein Laut, Totenstille ringsum.
Voll bangem Ahnen suchte er seine Felder auf.
Dort bot sich ihm ein Bild von Verwüstung und trostloser Öde.
Was war geschehen?

In den ersten Wochen seines Ausbleibens hatte es Regenfälle gegeben. Wahre Sturzbäche hatten sich vom vormals bewaldeten Hügel herab ergossen, hatten Schlamm und Geröll mit gebracht und ein großer Teil der fruchtbaren Ebene damit bedeckt.

Als ob das nicht schon genug gewesen wäre, hatte hernach die Sonne gnadenlos und unbarmherzig wochenlang vom Himmel gebrannt und die Erde in einen mit Rissen durchzogenen steinharten Boden verwandelt. Der Rest blühenden Lebens war von der Sonne versengt.

Und sein Minister hatte ihm die ganze Zeit eine heile Welt vorgegaukelt, hatte ihn schmählich betrogen und belogen und zuletzt das Weite gesucht.

Erschüttert kniete der Herrscher nieder, bat seinen Gott um Verzeihung und betete um Regen.

Er gab Gott das Versprechen, daß er den Wald wieder aufforsten und mit dem Wasser in Zukunft sparsam umgehen wolle.

Auch gelobte er, für seine Untertanen zu sorgen, so sie wieder zurück kämen, und versprach , daß er Vorsorge treffen werde, daß es nie wieder so weit kommen könnte.

All seine Machtgelüste waren dahin.

Und sein Gott hatte ein Einsehen, sandte Regen und ließ die Sonne scheinen, so wie es das Land brauchte.

Der Herrscher verkaufte fast alles aus seiner Schatzkammer und verhandelte mit reichen Staaten um ein Darlehen zum Kauf von Schößlingen und Sämereien, von Vieh, Futtermitteln und Nahrung für sich und seine Untertanen.

Die, welche die Katastrophe überstanden hatten, kamen nun wieder zurück, begruben ihre Toten, beseitigten die Kadaver, bestellten ihre Felder, versorgten das Vieh und brachten ihr Land in kurzer Zeit wieder in den gleichen Stand zurück, den es vor der Katastrophe hatte.

Der Herrscher freute sich sehr über das, was in kurzer Zeit zustande gekommen war, und ließ dann auch seinen Wald wieder aufforsten.

Fast täglich schaute er den Hang hinauf und beobachtete das Wachstum seiner Schößlinge und konnte es kaum erwarten, sie als große, starke Bäume zu sehen.

Dies dauerte schon einige Jahre. Doch als die Zeit gekommen war, in der man die Bäume fällen konnte, weigerte sich der Fürst dies zu tun. Er hatte „seinen" Wald wachsen sehen Jahr für Jahr, und er konnte ihn nicht mehr hergeben, vor allem nicht für gewinnbringende Investitionen. Er schlug alle diesbezüglichen Angebote ab. Der Wald sollte den Vögeln und dem Getier erhalten bleiben zum Unterschlupf und Lebensraum und Schutz sein für Mensch und Natur.

Die Zeit nach der Katastrophe hatte er nie vergessen können, und er wollte nicht mehr den gleichen Fehler machen und Land und Leute gefährden durch Habgier und Machtwillen.

Es war ihm klargeworden, daß Glück nicht allein darin besteht, Macht über alles und jeden zu besitzen und auch Geld und Gut im Überfluß allein keine Zufriedenheit auslösen können.

Die Natur muß im Vordergrund stehen und das Mögliche dafür getan werden, um sie zu erhalten.

Denn dann, und nur dann erst, wird ein gutes Weiterleben möglich sein.

Aus der Galaxie

Was ist denn das?
Was steht denn hier auf der Erde? fragte sich der
Marsmann und bekam vor Staunen eckige Augen.
Er wußte noch so gar nichts damit anzufangen.
Er war ja erst vor wenigen Minuten aus dem Weltall
gekommen und just vor diesem runden Ding - mit der
Ausbuchtung und dem Henkel - gelandet.
Der Marsmann schaute sich um und sah Wesen, die ihm
fremd waren, die aber alle so ein Ding am Arm hängen
hatten, an dem sie schwer trugen.
War das vielleicht etwas zum Essen?
Er hatte schon von anderen Marsbewohnern - die
schon die Erde besucht hatten - gehört, daß die Bewoh-
ner dort unten essen müssen, wenn sie nicht zu Grunde
gehen wollen. Was und wie das vor sich gehen sollte,
konnte er sich aber einfach nicht vorstellen, denn sie
selbst ernährten sich von Pillen, Pülverchen oder
Tabletten, die sie zu ganz geregelten Zeiten verabreicht
bekamen und von deren Herkunft er nichts wußte, was
für ihn auch nie von Belang war.
Nun machte er sich aber doch darüber seine Gedanken
und grübelte auch weiter darüber nach, was das Essen
der Erdianer - wie er die fremden Wesen benannte - auf
sich hatte.
Und in diese Gedanken hinein hörte er ein kleines We-
sen fragen:
„Mutti darf ich diese Tomate essen? Und machst du aus
den Erbsen und Möhren heute eine Suppe?
Laß mich mal in den Korb hineinschauen, was du noch
alles eingekauft hast".

„Aha, hab` ich doch recht gehabt, daß das etwas mit
dem Essen zu tun hat, und ich weiß nun auch schon
einmal, wie das Ding heißt, das sie mit sich tragen.

Korb hat das Kind gesagt, Korb. - Ja es ist ein Korb.
Jetzt muß ich nur noch näher heran, damit ich sehen
kann, was der Korb beherbergt".

Der Marsianer machte sich unsichtbar. Er beäugte alles
ganz genau, was dort in dem Korb der Mutti lag.
Oh, wie sah das alles so schön bunt und appetitlich aus.
Komischerweise lief ihm hier das Wasser im Munde
zusammen, was ihm in seiner Galaxie bis jetzt über-
haupt nie vorgekommen war, das wohl an der Dosierung
und Art der Drogen lag die sie bekamen und die ein
solches Gefühl nicht aufkommen ließen.
Und nun bekam er also Hunger, er, der ihn nie zuvor
verspürt hatte.

Er nahm seinen
gefundenen Korb auf
und war zuerst etwas
ratlos, wie er es
anstellen sollte, daß
auch dieser voll würde.
Einkaufen, einkaufen
klang es in seinen
Ohren.
Ja, das mußte es sein!
Obgleich
er dieses
Wort
nicht
kannte,
war ihm
seine

Bedeutung sogleich
klar.

Er lief einige Meter, bog dann um eine Ecke, und all die
Herrlichkeiten lagen vor ihm ausgebreitet auf langen
Tischen.

Nun wußte er zwar, wo er das alles bekommen konnte,
sah aber, daß die „Erdianer" jedesmal, wenn sie etwas
bekamen, auch etwas hergaben: kleine runde Scheiben
oder ein Stück Papier, das er alles nicht hatte.

Was tun?

Ach ja, er hatte doch noch seine Tarnkappe auf.

Er würde seinen Korb schon auch voll bekommen, und
so stibitzte er sich eben alles zusammen, was er errei-
chen konnte, bis nichts mehr in seinen Korb hineinging.
Es sah ihn ja keiner.

Obst und Gemüse rollten wie von Geisterhand gezogen
vom Tisch, und der Verkäufer konnte suchen und
suchen, er fand nichts mehr wieder.

Schließlich verprügelte er seine Hunde, die am Stand
hinaufbellten, weil er der Meinung war, dieselben hätten
ihm alles weggefressen.

Der Marsmann schämte sich ein wenig über das, was er
getan hatte, doch zurücklegen konnte und wollte er
nichts mehr. Die Ware war ihm zu kostbar. Er mußte
doch einmal versuchen, wie das alles schmeckte, wo er
doch jetzt Hunger verspürte.

Er entzog sich dem Gewühle des Marktes und suchte
den Ort auf, auf den ihn seine Marsianer zur Erde
gebeamt hatten.

Dieser Ort lag auf einer kleinen Anhöhe, auf der ein
großer Baum stand und Schatten spendete. Er ließ sich
dort nieder, lehnte sich an dessen Stamm und verkos-
tete einen Teil vom Inhalt seines Korbes, der ihm vor-
trefflich mundete. Was müssen die Erdianer doch glück-
lich sein, wenn sie jeden Tag speisen dürfen, dachte er
so bei sich und wurde ein klein wenig traurig darüber,
daß er hier nicht bleiben konnte. Er hielt seinen Korb
krampfhaft fest. Er wollte ihn auf dem Weg nach oben

nicht verlieren. Sein Volk sollte den Korb samt Inhalt zu sehen bekommen.
Wenn sie auch dort oben nicht den Genuß des Essens spürten, so war die bunte Vielfalt darin doch ein Augenschmaus, und den wollte er ihnen nicht vorenthalten.

Er beobachtete das Treiben unter ihm im Tal, das ihm sehr hektisch vorkam. Es war ein Gelaufe und Gerenne, und die Laute, die zu ihm heraufhallten, unterschieden sich sehr von den Lauten, die er gewohnt war. Er empfand sie als schrill und überlaut, und sie taten seinen Ohren weh.
In diesem Moment empfand er schon Sehnsucht nach seiner Galaxie. Doch, wenn das Geschrei verebbte und er nur noch ein Murmeln vernehmen konnte, gefiel es ihm wieder auf seiner Anhöhe, und er wünschte sich, er könnte dem Treiben dort unten noch länger zusehen.
Es gelüstete ihn auch, dem Leben der Erdianer nachzuspüren. Doch er wußte, daß er hier auf der Erde nicht mehr lange sein konnte, seine Zeit war gleich um. Er würde in wenigen Minuten hochgebeamt sein.
Es geschah jedoch nichts. Warten war angesagt. Er konnte sich aber nicht erklären, warum sie ihn nicht pünktlich holen konnten.
Große Sorgen machte er sich aber deswegen nicht, verdankte er diesem Umstand doch, daß er seine Umgebung noch intensiver in Augenschein nehmen konnte, so wie er es sich gewünscht hatte.
Was er nicht wußte war, daß man beim Schauen auch müde werden kann. Und das gerade passierte ihm.
Seine Augen wurden kleiner und kleiner und fielen gar bald zu, und er schlief selig.
Die Hunde vom Obststand kamen herauf zu ihm.
Er bemerkte sie nicht.
Wollten sie jetzt das fressen, für das sie unverdienterweise Prügel bezogen hatten?

Sie schnüffelten am Korb herum und fingen an ihn zu plündern. Doch dann taten beide ganz plötzlich wie auf Kommando das Gleiche: sie hoben beide ein Bein hoch und pinkelten gegen den Baum, dabei aber auch dem Marsianer mitten ins Gesicht.

Dieser erschrak fürchterlich. Wie von der Tarantel gestochen fuhr er auf und mußte sich heftig schütteln. Seine Tarnkappe rutschte ihm dabei vom Kopf und schwup, war er weg, hochgebeamt von seinen Brüdern im All, die ihn schon lange gesucht hatten.

PIEPMATZ

Heller sonniger Tag.
Schneebedeckte Straßen, Gärten, Häuser.
Schneebedecktes Auto.
Ein Vogel läßt sich darauf nieder und bearbeitet den
trockenen Schnee mit seinem Schnabel, daß die
Schneeflocken nach allen Seiten spritzen.
Was treibt ihn dazu an, mit solchem Eifer im Schnee
herumzustochern?
Hunger ist es wohl kaum, denn Schnee kann selbst
solch einen kleinen Vogel nicht sättigen.
Und Durst? Auch unwahrscheinlich.
Dazu müßte er wohl einmal seinen Kopf in den Nacken
legen, damit das Geschmolzene hinabrinnen könnte in
seine kleine Kehle.

Doch das tut er nicht, den Kopf in den Nacken legen.
Er stochert und stochert nur unentwegt.
Was bestimmt aber dann sein Verhalten?

Vielleicht sind es einfach nur die im Sonnenlicht glit-
zernden Schneekristalle, die ihn dazu verleiten, über die
weiße Pracht herzufallen und ihn faszinieren. Denn bei
jedem Schnabelhieb werden die Kristalle hochgeschleu-
dert und spiegeln das Sonnenlicht vermehrt wider.
Spieltrieb also?
Ich kann es vorerst nicht ergründen. Ich will den kleinen
Kerl ja nicht stören in seiner Emsigkeit.
Später, als er in der Baumkrone sitzt - die im Sommer in
belaubtem Zustand den Autoplatz beschattet -, ein Lied-
chen in die frostige Morgenluft schmettert und offen-
sichtlich mit sich und der Welt zufrieden scheint, hält es
mich nicht länger.
Ich trete zurück vom Fenster, von dem aus ich alles
beobachten konnte, durchquere die Stube, verharre
noch ein Weilchen im Flur, überlegend, ob ich den Sän-
ger auf seinem Hochsitz erschrecke beim öffnen der
Haustüre. Ich gebe mir dann aber doch kurz entschlos-
sen einen Ruck, um meine Neugier zu befriedigen.
Trotz größter Behutsamkeit kann ich jedoch nicht ver-
hindern, daß er davonschwirrt, dem blauen Himmel
entgegen.
Jetzt kann ich den Schauplatz seines Wirkens in Ruhe
und ganz genau untersuchen und stelle fest, daß es
doch der Hunger war, der den Vogel antrieb, im Schnee
herumzuhacken.
So wie er zielsicher in meinem Garten Würmer findet
und aus der Erde zieht, so zielsicher hat er die kleinsten
vom Baum abgefallenen Stückchen unter dem Schnee
erahnt und nahm sie mit seinem gelben Schnabel auf,
so, als wäre es schon Frühling und als hockte er auf
dem Gartenboden, der weich und warm ist.

ANNÄHERUNG

Monika lehnte an der weißen Hauswand und ließ den sanften Wind durch ihre Haare streichen, während die Strahlen der Sonne ihre Haut wärmten und ihre Wangen rosa färbten.

Wie sie sich so wohlig ihren Empfindungen hingab, trat aus dem Haus, genau ihr gegenüber, ein junger Mann. Ein kurzer Blick genügte, um ihre rosa Wangen purpurn zu färben.

Hatte sie sich nur der Wärme und der Sonne wegen an die Hauswand gelehnt, oder hatte sie im stillen gehofft, auch ihn zu sehen, ihn mit seinen schwarzen Haaren und der guten Figur?

Sie machte sich darüber jetzt keine weiteren Gedanken. Er war da. Was zählte da warum, wieso.

Er war da und lief geradewegs auf sie zu.

Monika erschrak etwas, spürte aber gleichzeitig ein starkes Glücksgefühl aufkommen, und die kleinen Gedankenkobolde raunten ihr zu:

„Lauf einfach weg!"

„Nein, bleibe, er gefällt dir doch, oder?"

Und sie sagte ganz leise zu sich selbst: „Ich bleibe!"

Und dabei beobachtete sie ihn aus halb geschlossenen Lidern, in der Hoffnung, daß er nur sie im Visier hätte und nicht etwa die Haustüre neben ihr, um dort irgend einem Bewohner guten Tag zu sagen, oder mehr.

Aber sie erkannte schnell an seinem Lächeln, daß der Besuch ihr galt. Sie schloß einfach die Augen und stand für ein paar Augenblicke mit gesenktem Kopf da.

Als sie wieder aufsah, war er schon so nahe, daß sie geradewegs in ein paar braune Augen blickte, die sie zärtlich musterten.

Seine Gedanken dabei waren klar umrissen:

„Sie ist wirklich schön und unwiderstehlich in ihrer Verlegenheit. Ich muß sie für mich gewinnen. Ich will behutsam vorgehen, sie wirkt in ihrer Zartheit so verletzlich." Unwillkürlich vertiefte sich sein Lächeln, und in seine Augen stahl sich ein Glanz, dem sie sich nicht sogleich entziehen konnte. Ihr Herz machte dabei Sprünge, ihr Puls klopfte an den Schläfen, und die Kobolde in ihrem Kopf erzeugten ein gehöriges Schwindelgefühl.

Er verwirrte sie, wie er sie so unverwandt ansah, und es kam nur ein „so" aus ihrem trockenen Mund, als er sich mit entwaffnender Offenheit vorstellte:

„Hallo, ich bin der Bruno von vis-à-vis."

Und dann:

„Ich würde Sie gern näher kennenlernen bei einem Täßchen Kaffee im "Guglhöpfle" gleich um die Ecke."

„Aha", kam es ungewollt spöttisch von ihren Lippen, „und Sie sind der Meinung, daß ich auch daran interessiert bin, daß Sie mich näher kennen lernen, oder etwa nicht?"

Ihre Augen jedoch sprachen eine ganz andere Sprache und straften die Worte Lügen.

Und so sagte er: „Jawohl, dieser Meinung bin ich, ich sehe es Ihnen an, daß Sie daran Interesse haben und sich nur noch nicht richtig trauen, ja zu sagen.

Sehen Sie, ich bin kein Wolf, und Sie sind nicht das Rotkäppchen, das ich gleich verschlingen will.

Ich konnte bisher nicht entdecken, daß Sie an jemanden gebunden sind und das Sie hindern könnte, mit mir auszugehen. Immer sehe ich Sie alleine und so gar nicht fröhlich, ich könnte Sie vielleicht fröhlich machen und zum Lachen bringen. Bitte, geben Sie mir Gelegenheit dazu, ich möchte das so gerne, bitte!"

Monika dachte eine Weile über seine Worte nach und fand eigentlich auch keinen Grund, warum sie ihm die Bitte abschlagen sollte. Schließlich war es noch heller Tag, und sie konnte immer noch einen Rückzieher machen, wenn er sich nicht als der entpuppen würde, als den sie ihn zu erkennen glaubte: als netten höflichen Mann, der wohl nicht gleich mit der Türe ins Haus fallen, sondern ihr wirklich Zeit geben würde, über ihre Gefühle klar zu werden.

Jetzt erst konnte sie ihm auch ihren Namen sagen und stellte sich ihm vor:

„Sagen Sie einfach Monika zu mir."

Dankbar sah er sie an, und sie gingen Seite an Seite die Straße entlang ins Eckkaffee zum "Guglhöpfle."

Gestaltete sich die Annäherung in den Gesprächen anfangs eher verhalten, - im wesentlichen ausgelöst durch ihre Scheu, Gefühle zu zeigen -, so wurden sie dank seines offenen Wesens sehr bald lebhafter.

Er war ein guter Zuhörer und einfühlsamer Gesprächs-partner, und so faßte Monika Vertrauen, erzählte ihm von ihrer glücklichen Kindheit, von ihren Eltern, die sie erst vor kurzer Zeit verlor, und auch von ihrer letzten in die Brüche gegangenen Beziehung, deren Narben bis jetzt noch nicht ganz verheilt waren.

Auf ihn wirkte sein Gegenüber bescheiden und, wie er fand, hatte Sie Charme und verfügte über das gewisse Etwas.

Er fühlte, daß dort eine durchaus in sich gefestigte Frau vor ihm saß, die gewisse Maßstäbe setzte und keine brave Jasagerin war, sondern sehr wohl imstande war, ihre eigene Meinung kundzutun.

Das gefiel ihm. Er konnte sich ein Leben mit ihr vorstel-len, und er wußte, daß es sich lohnen würde, um sie zu werben.

Während der Unterhaltung verloren sich ihre Blicke immer öfter in den seinen, so daß er annehmen durfte,

daß es nicht allzu schwer sein konnte, diese Frau an
sich zu binden.
Ihre Gespräche zogen sich weit über die Zeit hinaus, die
man brauchte, um eine Tasse Kaffee leerzutrinken, es
wurden zwei und drei daraus, und für beide zerrann der
Nachmittag viel zu schnell.
Es wurde Zeit zu gehen, das "Guglhöpfle" schloß um 18
Uhr. Sie waren eh schon die letzten Gäste.

Draußen war inzwischen die Sonne untergegangen, und
es war empfindlich kälter geworden.
Fürsorglich hüllte er sie in seine Jacke, und sie hakte
sich bereitwillig bei ihm unter, als er ihr seinen Arm bot.
Es kam ihr vor, als würden sie sich schon seit ewigen
Zeiten kennen, und sie fühlte sich bereit für eine neue
Beziehung. Sie ging mit, ging ohne Protest mit ihm an
ihrem Haus vorbei und fragte nicht nach, sondern ließ
sich vertrauensvoll von ihm führen.
Sie wußte:
Ihre Entscheidung war richtig.

DAS WEIHNACHTSGESCHENK

„Hallo Mutter, wie geht es dir?
Du siehst ja schon wieder ganz gut aus.
Ich habe soeben mit deinem Arzt gesprochen, er ist sehr
zufrieden mit dir.
Die Operation ist gut verlaufen, sagt er."

„Ach ja, ich fühle mich schon sehr wohl und bin auch
schon am Pläne Schmieden, wie ich die Zeit sinnvoll
verbringen könnte bis zu meiner völligen Genesung."

„Ja, was willst du denn machen?"

„Mir ist eingefallen, ich könnte dir eine Jacke stricken zu
Weihnachten.
Was hältst du davon?"

„Um Gottes Willen, nur keine Strickjacke, ich kann
Strickjacken nicht ausstehen."

„Jetzt tu doch nicht so!
Bist du überhaupt
schon einmal in eine
reingeschlüpft?"

„Nein, das nicht. Aber
um zu wissen, ob ich
eine mag, muß ich mir
nicht erst eine
überstülpen. Ich finde,
daß ich einfach nicht
der Typ dazu bin."

„Nicht der Typ dazu,
nicht der Typ dazu!
Du hast wohl noch gar
nicht bemerkt, wie

ideenreich auf diesem Gebiet die Modeschöpfer geworden sind."

„O Mutter! Willst du mich jetzt unbedingt dazu überreden, daß ich mir von dir eine Strickjacke wünsche?"

„Nein, nein! Ich denke nur, es wäre eine Möglichkeit. Ich kann sie mir sehr gut vorstellen an dir. Weißt du, so eine richtig elegante, die aussieht wie ein Blazer."

„Ein Blazer kann ich mir schon auch vorstellen, aber gestrickt und dann an mir? Nein, Mutter, nein!"

„Nun hör mal.
Du bist doch immer viel auf Reisen, mußt überall präsent sein und gut gekleidet. Da wäre doch so ein Strickblazer gerade das Richtige: knitterfrei, immer in Form und bequem.
Das richtige Material dafür und eine Strickvorlage könnte ich mir besorgen lassen. Das gibt es nämlich alles. Darin sehe ich keine Probleme.
Das Problem bist allein du.
Darf ich dir nun eine anfertigen oder nicht?"

„Mutter, Mutter!
Du hast Überzeugungskraft, das muß man dir lassen, und stichhaltige Argumente auch.
Also ich vertraue deiner Kunst und gebe dir grünes Licht!
Aber eines sage ich dir, die Farbe bestimme ich, ich ganz allein."

HAUS UND HOF

Er irrte durch die Straße, schaute jedes Gebäude, alle
Gärten genauestens an und drang in fremde Höfe ein.
Doch alles schien, als wäre es nicht passend für ihn,
nicht zu akzeptieren.
Er sah irgendwie verloren aus. Sein Gesicht wirkte
müde und grau.
Er mußte schon lange unterwegs sein, den Schuhen
nach, die total verstaubt waren, und der Kleidung, die
zerknittert und schlottrig an ihm hing..
Was suchte er, was hoffte er zu finden?
Er konnte unmöglich so senil oder gar so vergeßlich
sein, um nicht mehr zu wissen, wohin er gehörte. Dafür
sah er, trotz allem, zu jung aus.
Aber zum Teufel noch mal, was bestimmte dann sein
Verhalten?

Der Mann, der ihn schon geraume Zeit beobachtet hatte,
machte sich wohl darüber auch seine Gedanken. Das
konnte man deutlich an seiner Miene ablesen.

Plötzlich ein Piepton.

Er griff in seine Jackentasche, holte sein Händy heraus
und drückte den Apparat an sein Ohr. Angestrengt
lauschte er.
Seine Lippen bewegten sich, sein Kopf nickte, und auf
seinem Gesicht spiegelte sich Verstehen.
Er packte sein Händy wieder ein, schritt auf den
Suchenden zu und sprach ihn an.
„ Entschuldigen Sie bitte", - und er zog seine Marke -
„ich bin von der Polizei, ich habe gerade einen Anruf
erhalten. Sind Sie der Herr Finding?"
Ein Runzeln der Stirn und offensichtlich angestrengtes
Denken, dann das Aufleuchten der Augen seines

Gegenübers konnten bedeuten, daß der Gesuchte vor
ihm stand.
Das Senken des Kopfes und ein zögerlich gehauchtes
„Ja" gab Gewißheit.

Und so hatte er das Recht zu sagen:
„Bitte folgen Sie mir!"

Das war ...

Schwäbisch geschwätzt
und
Deutsch geredet

Gedichte und Geschichten
von
Maria Morandell